Die Autorin

Chao-Hsiu Chen wuchs in Taiwan auf, wo sie in den alten Weisheiten des Buddhismus, des Konfuzianismus und des Taoismus unterrichtet wurde. Von ihrem Vater, einem bedeutenden Architekten, erhielt sie ihr Wissen um Wesen und Wirkung des Feng Shui, von ihrer Mutter ihre musikalische und künstlerische Kraft. Sie studierte Musik in Wien und Salzburg, u.a. als Schülerin von Carl Orff. Mit ihren Vorträgen und Büchern (36 Werke in 17 Sprachen) wurde sie zu einer der wichtigsten Interpretinnen chinesischer Weisheitslehren im Westen. Die Komponistin, Feng-Shui-Beraterin, Malerin und Kalligraphin (Ausstellungen in Zürich, Rom, München, Frankfurt, Vaduz u.a.) lebt mit zwei Huskies und einem Setter-Mischling in den Weinbergen südlich von Rom. Für die Ullstein Edition ihrer Werke hat sie selbst in traditioneller chinesischer Pinseltechnik die Umschläge gestaltet und alle Bände mit Tuschezeichnungen illustriert.

Weitere Werke der Autorin in gleicher Ausstattung in unserem Programm:

Der Meister
Die Worte des Meisters
Tao Te King
Tempel des Tao
Feng Shui
Feng Shui der Seele
Feng Shui der Schönheit
Das Buch der ewigen Liebe
Im Tempel der Stille
Das I Ging der Antworten

CHAO-HSIU CHEN

Im Tempel der Stille

Von der Befreiung des Herzens

mit Tuschezeichnungen
der Autorin

Durch Chao-Hsiu Chen autorisierte
Übertragung aus dem Amerikanischen
von Hans Christian Meiser

Ullstein

Besuchen Sie uns im Internet:
www.ullstein-taschenbuch.de

Ullstein Esoterik
Herausgegeben von Michael Görden

Durch Chao-Hsiu Chen autorisierte Übertragung
aus dem Amerikanischen von Hans Christian Meiser

Umwelthinweis:
Dieses Buch wurde auf chlor- und säurefreiem Papier gedruckt.

Ungekürzte Taschenbuchausgabe
1. Auflage November 2006

Umschlaggestaltung: FranklDesign, München
Titelabbildung: Chao-Hsiu Chen
Gesetzt aus der Times
Satz: Keller & Keller GbR
Druck und Bindearbeiten: GGP Media GmbH
Printed in Germany
ISBN-13: 978-3-548-74339-4
ISBN-10: 3-548-74339-0

STILLE
IM HERZEN
BUDDHAS

Alles war gleich geblieben. Der See lag noch immer da, als würden ihn die Winde, die von den Bergen kommen, niemals berühren und als könnten die Wolken, die über ihn zogen, auf ihm schwimmen; die Insel in der Mitte des Wassers strahlte tiefen Frieden aus. Als ich mich ihr näherte, konnte ich wahrnehmen, dass sich doch etwas verändert hatte. Der Tempel, dessen Mauern schon zur Zeit meiner Kindheit brüchig waren, trug nun ein neues, prächtiges Gewand. Er leuchtete inmitten der Weidenbäume und ergänzte die Farbpalette der verschiedenen Lotusblüten in den Teichen auf dem friedvollen Eiland. Das neue Dach des Tempels sah aus, als würde es von den taubenetzten Blättern des Lotus bedeckt. Doch die größte Überraschung bot sich mir, als ich die Gebetshalle betrat. Dort, in der Mitte, saß mit geschlossenen Augen jener Mönch, bei dem ich vor vielen Jahren in einem anderen Kloster das Wesen des Mitgefühls erfahren hatte, um dann auf meinem eigenen Weg dieses

Wissen zu leben. Er schien sich überhaupt nicht verändert zu haben. Voller Achtung näherte ich mich, legte die Hände vor der Stirn zusammen, verneigte mich und sprach: »Meister, warum hast Du Dein altes Kloster verlassen?« Langsam öffnete er die Augen und sprach mit seiner gütigen Stimme: »Mein Körper ist nicht mein Körper.«

Erstaunt fragte ich nach: »Aber wenn Dein Körper nicht Dein Körper ist, wessen Körper ist dann unser Körper?«

»Wenn Du meinst, dass der Ort, an dem Du lebst, Dein Heim ist, dann bist Du eingesperrt«, antwortete der Meister. »Nimm ihn als Herberge, in der Du einen Tag nach dem anderen weilst – und Du wirst frei sein. Siehst Du Deinen Körper als Deinen Körper an, dann bist Du eingesperrt. Nimmst Du ihn aber als Bündel, das Du Tag für Tag mit Dir herumträgst, dann wirst Du frei sein. Ein Mönch, der seinen Tempel nicht als seinen Tempel ansieht, aber einen Tag nach dem anderen darin verweilt, ist frei, auch wenn er in einem anderen Tempel lebt. Das Geheimnis, sich nicht selbst einzusperren, findet der Mönch, indem er lernt, vom Sichtbaren weit entfernt zu sein. Erst dann vermag er sein eigenes Wesen zu erkennen. Und dadurch findet er zu wahrem Erwachen.«

»Und kann dies durch stetes Meditieren gelingen?« fragte ich neugierig und ließ mich in seiner Nähe auf einem Gebetskissen nieder.

Da erhob sich der Mönch und erwiderte: »Du Wissbegierige! Die große Stille findest Du allein in Deinem Herzen, egal, ob Du Dich bewegst oder nicht, ob Du fastest oder nicht, ob Du sitzt oder nicht, ob Du schläfst oder nicht oder ob Du nackt bist oder nicht. Wenn Du eine Tasse Tee trinkst, trinke sie und versuche nicht, etwas anderes zu tun. Aber mache dies nicht zwanghaft:, sondern weil Du Dir des Sinns bewusst geworden bist.« Und mit leiser Stimme ergänzte er: »Meditation ist nicht unbedingt etwas Mechanisches, etwas, das man jeden Tag üben müsste; denn wenn es sich so verhielte, würde man sich selbst
»Du bist also gegen Meditation«, unterbrach ich ihn.
»Wer zu meditieren verlangt, ist auf der Suche. Wir alle sind Suchende. Doch welches Ziel hat unsere Suche? Die Meditation sucht die innere Versenkung. Die innere Versenkung sucht das innere Erwachen. Das innere Erwachen sucht die große Stille.«
»Doch wozu suchen, wenn alles schon da ist?« fragte ich.
»Auch wenn alles schon da ist«, gab der Meister sanft zurück, »heißt das nicht, dass es für alle erkennbar wäre. Aber man kann das Erkennen ja lernen.«
»Durch Meditation?«
»Durch Meditation.«
Langsam schritt der Meister durch die Gebetshalle. Ich

folgte ihm ehrfürchtig. Im Klostergarten hielt er inne, betrachtete eine Päonie und sprach: »Meistens sind die Menschen traurig, wenn eine Blume verblüht. Sie sehnen sich nach ihrer Schönheit und ihrem Duft. Das ganze Dasein ist voller Sehnsucht... der Sehnsucht nach Glück, nach Freude, nach Liebe, nach Besitz, nach einem langen Leben. Diese Begierden regieren den Menschen und lassen ihn oft voll Ärger, Hass oder Trauer sein. In der inneren Versenkung erfährt man, dass alles Streben vergebens ist. Hat man dies erkannt, ist man in der großen Stille angelangt. Dort trifft man sich selbst und ist nicht mehr beeinflussbar von der sichtbaren Welt.«
Daraufhin ließ er sich an einem der Lotusteiche nieder, schloss die Augen und begann zu chanten* ...

** »chanten«: Buddhistische monotone Weise zu beten. Klang und Ausdrucksweise sind am ehesten dem katholischen Rosenkranzbeten vergleichbar.*

Lotus-Teich

寂道寂近盈滿心裡根深蒂固盈滿滿盈

寂近寂道如如不動不動不動

吾即吾即如寂如寂紅塵紅塵如寂如滅不現不見

吾即吾寂吾寂吾即寂寂寂

Stille kommt über mich
Sie erfüllt mich
Bis in die tiefste Wurzel
Meines Seins

Stille kommt über mich
Sie bewegt sich nicht
Sie lässt sich nicht bewegen

Ich sehe mich selbst
In der Stille
Ich sehe die Welt
In der Stille
Nicht mehr

Ich bin die Stille
Ich bin die Stille
Ich bin
Ich bin
Ich bin

吾即是合 吾即是分

汝即是合 汝即是分

吾即是生 吾即是滅

汝即是生 汝即是滅

吾即剎那 汝即轉瞬

吾等如現在

Ich bin die Einheit
Ich bin die Trennung

Du bist die Einheit
Du bist die Trennung

Ich bin das Leben
Ich bin der Tod

Du bist das Leben
Du bist der Tod

Ich bin dieser Augenblick
Du bist dieser Augenblick

Wir sind jetzt

当来者来 当去者去
有相者来 而相者去
吾是不动
不动是吾
寂寂是吾

Sieh, wie alles kommt
Sieh, wie alles geht

Das Sichtbare kommt
Das Sichtbare geht

Ich bleibe

Ich bewege mich nicht

Stille kommt über mich

Als der Meister sein Gebet beendet hatte, öffnete er die Augen und blickte verzückt in die Ferne, als ob er dort etwas Wunderbares wahrnehmen würde. Dann sprach er mit einer Stimme, die wie aus einer anderen Welt zu stammen schien: »Alles Sichtbare vergeht. Wenn Du aber das Sichtbare als unsichtbar ansiehst, dann findest Du die große Leere.« Daraufhin erhob er sich und ging seines Weges.

Ziellos schlenderte ich durch die Klosteranlage. Nach einiger Zeit blickte ich von einer kleinen Anhöhe auf den See, den ich vor kurzem überquert hatte, um hierher zu gelangen. Das Grün des Tempeldaches vermischte sich im Spiegelbild mit dem Grün des Gebirgswaldes. Plötzlich nahm ich im Wasser das Geschehen am Himmel wahr: Ich sah, wie eine Schar Schwalben über das Dach des Klosters flog und im Wald verschwand. Da dachte ich: Weshalb will der Meister, dass man das Sichtbare nicht sieht, auch wenn es noch so schön ist?

Ich machte mich auf, zur Gebetshalle zurückzugehen. Als ich dort angelangt war, sah ich, dass sie sich mittlerweile gefüllt hatte. Überall saßen junge und ältere Mönche und Novizen, die gemeinsam mit dem Meister meditierten. Und mitten aus der Versenkung heraus sprach er: »Es gibt viele Wege, Meditation zu erlernen. Wichtig ist, dass jeder für sich den richtigen Weg wählt. Eine Möglichkeit ist zum Beispiel das laute Beten.

Dabei richtet man seine gesamte Konzentration und Kraft auf jeden einzelnen Vers des Gebets und wiederholt ihn dreimal, so lange, bis man erschöpft ist. Diese Methode ist gut für jene, die sich schwer konzentrieren können oder während des Meditierens rasch einzuschlafen drohen ... Eine andere Methode ist das stille Beten. Blickt man auf jemanden, der es praktiziert, sieht man nur, wie er die Lippen bewegt, hört aber keinen einzigen Ton. Wenn dieser Mensch auch nicht laut spricht, so nimmt er doch in seinem Inneren Sätze wahr, die er ständig vor sich hersagt. Diese Weise eignet sich für diejenigen, die im Liegen meditieren wollen, oder für die, welche in der Öffentlichkeit oder bei ihren täglichen Geschäften den Wunsch danach verspüren ... Ein weiteres System besteht aus einer Mischung der beiden genannten Möglichkeiten: Man chantet mit ganz leiser Stimme. Dabei ist wichtig, dass sich der Meditierende trotz des Flüsterns selbst hören kann, damit seine Worte den Weg zu seinem Herzen finden ... Letzteres ist die beliebteste Methode, weil sie einem am ehesten dabei hilft, plötzlich auftauchende Gedanken, die sich um gänzlich andres drehen, wieder fortzuschicken.«

Danach hielt der Meister inne, um nach einer Weile schließlich weiterzusprechen: »Alles Sichtbare dieser Welt, das Euer Verlangen hervorrufen mag, ist nur dazu da, dass Ihr lernt, es zu meiden. Die Meditation hilft

Euch dabei. Weise aber ist derjenige, der sich vom Sichtbaren anziehen lässt und es trotzdem meidet.« Daraufhin erhob sich ein schwarzgekleideter Novize und fragte: »Meister, ist es dann nicht besser, das Sichtbare gar nicht anzusehen?«

»Du magst Deine Augen dem Sichtbaren gegenüber verschließen können«, antwortete der Meister, »doch Dein Verstand kann es nicht vermeiden, daran zu denken.« Er hielt inne und begann von neuem...

Zen-Quadrat

可做無間事莫存無間意

可做無間事莫落無間相

鏡中有相我相中有鏡何相何鏡

汝相何相

Du lebst im Sichtbaren
Wie kannst Du es trotzdem
Meiden?

Du lebst im Sichtbaren
Musst Du es deshalb
Fliehen?

Du blickst Dich im Spiegel an
Doch blickt der Spiegel auf Dich?
Was siehst Du im Spiegel?

Siehst Du Dich?

相不住相即無相
無相為相為相為心
為心為相為相為空
為空為相為相為佛
為佛為相為相為汝
為汝為相為相無相

Nur wer das Sichtbare sieht
Sieht auch das Unsichtbare

Nur wer das Unsichtbare sieht
Sieht sein Inneres

Nur wer sein Inneres sieht
Sieht die Leere

Nur wer die Leere sieht
Sieht Buddha

Nur wer Buddha sieht
Sieht sich selbst

Nur wer sich selbst sieht
Verliert sich nicht im Sichtbaren

可收安閒事莫就安閒覓覓安閒唯布施
布施即捨
捨即放下一切把得的心捨掉把自己捨掉

Sich im Sichtbaren nicht verlieren
Heißt, alles loszulassen

Alles loszulassen
Heißt, alles fortzusetzen

Alles fortzusetzen
Heißt, alles aufzugeben
Was man schätzt
Sogar sich selbst

Darauf sagte ich zum Meister: »Diese Methoden, von denen Du sprichst, sind sehr hilfreich, solange man gemeinsam meditiert, da man die Kraft und den Zusammenhalt der Gruppe unbewusst übernimmt. Doch wenn man allein ist und meditieren möchte, geschieht es oft, dass einem um so mehr fremde Gedanken zuströmen, je mehr man versucht, sich zu konzentrieren. Heißt das, dass ich nicht in der Lage bin, mich selbst zu kontrollieren und meine Gedanken zu steuern, da diese mich steuern? Wie kann ich da die große Stille finden?«
Der Meister blickte mich wie ein fürsorglicher Vater an und sagte vor allen anderen: »Wer etwas lernt, vergisst es entweder, oder er behält es. Dies trifft aber auf die Meditation nicht zu. Was man gelernt hat, kann man entweder praktisch umsetzen, oder man kann es außer acht lassen. Auf die Meditation trifft auch das nicht zu. Wenn die Schwalbe über den See fliegt, hinterlässt sie ihren Schatten auf der Oberfläche des Wassers. Doch hat man dort je etwas gefunden, sobald der Vogel fort war? Oder hat sich dadurch das Wasser verändert? Wer also meditieren möchte, um die große Stille zu erreichen, sollte darauf achten, dass sich zwei Kräfte im Gleichgewicht befinden: Ausdauer und Beharrlichkeit.«

In diesem Augenblick schien einer der älteren Mönche, der in der Nähe des Eingangs saß, vom Zustand der

Meditation in den des Schlafes zu gleiten. Der Meister führte mich zu ihm und begann mit lauter Stimme zu mir zu sprechen: »Ist die Ausdauer stärker als die Beharrlichkeit des Geistes, fängt man an zu schlafen.« Mit einem Ruck erwachte der Mönch und blickte beschämt den Meister an, der fort fuhr zu sprechen: »Ist aber die Beharrlichkeit stärker als die Ausdauer des Körpers, wird man die Gedanken nicht los, und es ist unmöglich, die innere Stille zu finden.« Da blickte auch ich den Meister beschämt an, denn er hatte genau von meinem Problem gesprochen.

Er lächelte und sagte zu mir: »Deshalb muss man darauf bestehen, beide Kräfte gleich zu gewichten.«

Einer der Novizen hatte unser Gespräch belauscht. Er trat nun vor und sagte: »Ich kenne diese Beharrlichkeit von den Hühnern meiner Eltern. Während sie brüten, sind sie durch nichts von ihren Eiern wegzubewegen nicht einmal durch die besten Körner.«

Da fragte ich den Meister: »Denken die Hühner nun an die Eier oder an die Küken?«

Der Meister lachte laut auf.

»Ich will Euch eine Geschichte erzählen«, meinte er. »Zwei Mönche betrachten eine Fahne, die im Winde weht. Da sagt der eine: ›Es ist der Wind, der die Fahne wehen lässt.‹ Der andere entgegnet: ›Nein, die Fahne lässt den Wind wehen.‹ Daraufhin kommt der Meister und sagt: ›Wenn Euer Geist still ist, bewegen sich weder die Fahne noch der Wind.«‹

風
一九八八年夏

心住於深定深定不动不动如慧

身住於不举不举不动不动如定

慧定要平持

Lasst Eure Seele
So beharrlich
Wie möglich sein

Lasst Euren Körper
So ausdauernd
Wie möglich sein

Trachtet danach
Beides
Im Gleichgewicht zu halten

柔和忍辱無有窮盡柔和忍辱無怨無恨無悲

柔和忍辱無有窮盡柔和忍辱是寂是空是滿

柔和忍辱無有窮盡柔和忍辱是滿是空是寂

Seid voller Güte
Seid voller Nachsicht
Dann meidet Ihr
Ärger, Hass und Trauer

Seid voller Güte
Seid voller Nachsicht
Dann findet Ihr
Das große Fühlen

Seid voller Güte
Seid voller Nachsicht
Dann werdet Ihr
Zur großen Stille

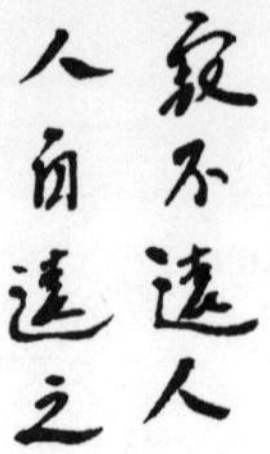

Die große Stille
War nie
Von uns
Getrennt

Wir waren es
Die sie
Im
Stich ließen

Der Meister ließ seine Finger rhythmisch entlang der Gebetskette gleiten, die um seinen Hals hing. Ihre Perlen waren aus dem Holz des Bodhi-Baums geschnitzt. Er schien im selben Takt, in dem er auch seine Kette handhabte, zu sprechen: »Jede der existierenden Meditationsmethoden hat ihre eigenen Vorzüge. Auch in der Medizin probiert man die Medikamente so lange aus, bis man diejenigen gefunden hat, die am besten helfen.« Da fragte ich vorlaut: »Aber was macht ein Arzt, wenn er das richtige Rezept einfach nicht finden kann?« »Sobald Dir eine Methode auch nur für einen Moment hilft«, erklärte verständnisvoll der Meister, »ist sie die richtige für Dich – zumindest in diesem Augenblick...

Aber ich will Dir noch einige weitere Meditationswege aufzeigen – zum Beispiel diese:
Während Du Dich in Dich selbst versenkst, achte nicht auf die Worte, die Du chantest, sondern nimm auch das Licht wahr, das Du selbst erzeugst – bis Du ganz mit diesem Licht eins wirst. Du wirst sehen, wie es heller und heller, strahlender und strahlender wird und Dich ganz in sich aufnimmt, so dass ein perfekter Kreis entsteht, der selbst immer größer wird – ohne Ende. Alles Existierende ist nun nicht länger sichtbar. Und auch Du wirst Dich selbst nicht mehr spüren... Hast Du diesen Zustand erreicht, sind Buddha und Du eins geworden.

Doch Du musst wissen, dass Dir dies nicht alleine gelingen wird. Du bedarfst dazu eines Meisters und einer langen Zeit des Praktizierens.«

Ich schloss die Augen und versuchte mir vorzustellen, wie es sein würde, Buddha gleich zu werden, als mich des Meisters Stimme aus meinen Träumen riss: »Es gibt noch einen weiteren Weg, diesen Zustand zu erleben. Stelle Dir während des Meditierens vor, wie es wäre, Buddha zu sein, oder was Du fühlen würdest, wenn Du die Buddhaschaft erreicht hättest. Dann wird diese Vorstellung Deinen Geist reinigen, und Du kannst Dich tatsächlich auf den Weg machen ...«

Ein junger Mönch trat vor und begehrte zu wissen: »Aber Meister, verlangt dieser Weg nicht eine ungeheure Anstrengung? Was mache ich, wenn ich nicht in der Lage bin, sie aufzubringen? Kann ich dennoch die Buddhaschaft erlangen?«

»Es gibt genügend Mönche«, entgegnete der Meister, »die die Buddhaschaft erlangt haben, ohne dies jemals in der Meditation gefühlt zu haben. Wie ich schon sagte: Es gibt viele Wege. Aber Dir empfehle ich einen ganz besonderen: Chante, ohne zwischen den Wörtern oder Sätzen eine Pause einzulegen. Wenn du atmen musst, dann atme und sprich weiter. Auf diese Weise strengst Du Dich an, ohne Dich anzustrengen, und Du bietest so Deinen Gedanken keine Möglichkeit, sich zwischen

Deine Meditationsworte zu schmuggeln. Zudem gibt Dir dieser Weg mehr an Kraft, als er von Dir fordert. Sprich also ...«

Buddha

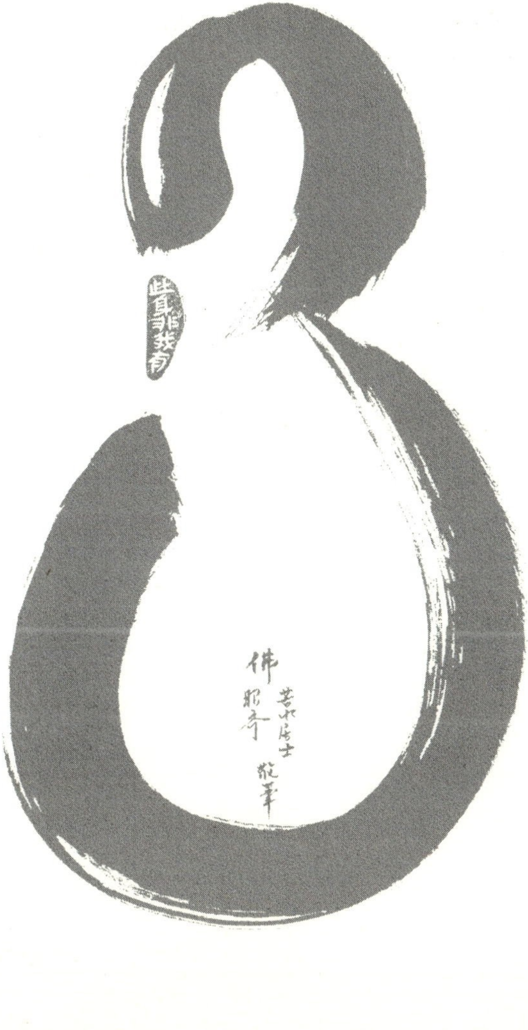

有念即不正無念方為正念無念極不易

能止一念即止萬念能止萬念即為正念

正念即無念

Ohne Gedanken
Kann ich nicht denken
Doch es gelingt mir
Meine Gedanken zu
Unterbrechen
So kann mein
Denken
Innehalten

心乱即有念有念心即乱一心不乱極難心不離心

即一心不乱一心不乱即定定即慧

Mein Geist ist nicht
Beharrlich
Aber zumindest
Gelingt es mir
Ihn dort zu halten
Wo er ist
Solange er dort
Anzutreffen ist
Ist er
Beharrlich

智身無所著遠離於身相智身無所著
遠離於過往遠離於未來遠離於現在
有念即不正無念方為正念無念極不易
能止一念即止萬念能止萬念即為正念
正念即無念

Ich denke nicht
An das Vergangene
Ich denke nicht
An das, was kommt
Ich vergesse selbst
Das Gegenwärtige

Ohne Gedanken
Kann ich nicht denken
Doch es gelingt mir
Meine Gedanken zu
Unterbrechen
So kann mein
Denken
Innehalten

Der junge Mönch dankte und ging seines Weges. Einige Mitbrüder folgten ihm.
Da fragte ich den Meister: »Du lehrst, dass man sich vom Sichtbaren fernhalten soll. Wenn dies so wichtig ist, weshalb stehen dann in den Tempeln so viele Buddhastatuen? Sollen wir sie sehen oder nicht?«
Der Meister lächelte still: »Sieh Dich selbst in Buddha«, antwortete er nach einer Weile, »und vergiss Dich selbst.«

In diesem Augenblick betraten eine Frau und ihr kleines Kind die Gebetshalle, zündeten Räucherstäbchen an, knieten nieder und begannen zu beten.
Der Meister nahm mich zur Seite. »Das Kind erinnert mich an etwas, das ich Dir erzählen muss ... In einen Tempel kam einst ein Kind, um zu Kwan-Yin, dem Buddha des Mitgefühls, zu beten. Er war als vergoldete Holzstatue dort aufgestellt, und der Bildschnitzer hatte der Figur eine Holzkette in die Hand gelegt. Da dachte das Kind, auch die Statue würde beten, und war äußerst erstaunt darüber. Es rannte zum Klostervorsteher und rief: ›Mönch, Mönch, wir sind hier hergekommen, um zum Kwan-Yin-Buddha zu beten. Warum aber betet er auch? Und zu welchem Buddha?‹ Mit trockener Stimme antwortete der Abt: ›Kwan-Yin-Buddha betet zu Kwan-Yin-Buddha.‹ Das Kind kratzte sich am Kopf und run-

zelte die Stirn. ›Wie soll das gehen?‹ fragte es. Und wieder sprach der Abt mit trockener Stimme: ›Wenn Du etwas möchtest, ist es dann nicht besser, zuerst Dich selbst zu bitten, als andere darum zu fragen?‹«

Ich blickte zu der Frau und ihrem Kind, die beide immer noch mit ernstem Gesicht beteten. Langsamen Schrittes näherte sich ihnen der Meister, während ich ihm folgte. Kurz vor den Statuen blieb er stehen. Und als die beiden aufstanden und die Räucherstäbchen in den Sandtopf vor den Buddhafiguren steckten, wandte sich der Meister an das Kind und fragte: »Zu wem hast Du gebetet? Und für wen?«

»Natürlich zu Buddha«, gab das Kind zurück, »und für mich.«

Da trat die Mutter hinzu und bat: »Meister, wir sind arm und haben nichts zu essen. Habt Ihr nicht wenigstens ein paar Bissen für mein Kind?«

»Komm mit«, antwortete der Meister und führte die beiden in die Klosterküche. »Esst, soviel Ihr wollt«, sagte er, »und nehmt Euch auch noch etwas für zu Hause mit.«

Dankbar aßen die Frau und ihr Kind, während der Meister mir zuflüsterte: »Auch wenn ich den Mitbruder, von dem ich Dir eben erzählte, sehr schätze – ich meine, er hat nicht immer recht. Natürlich ist es gut, sich zuerst an sich selbst zu wenden; aber manchmal ist es eben nötig, andere zu bitten. Wie sollte man sonst wachsen können?« Dann sprach er mit ernster Stimme …

Weihrauch-Gebet

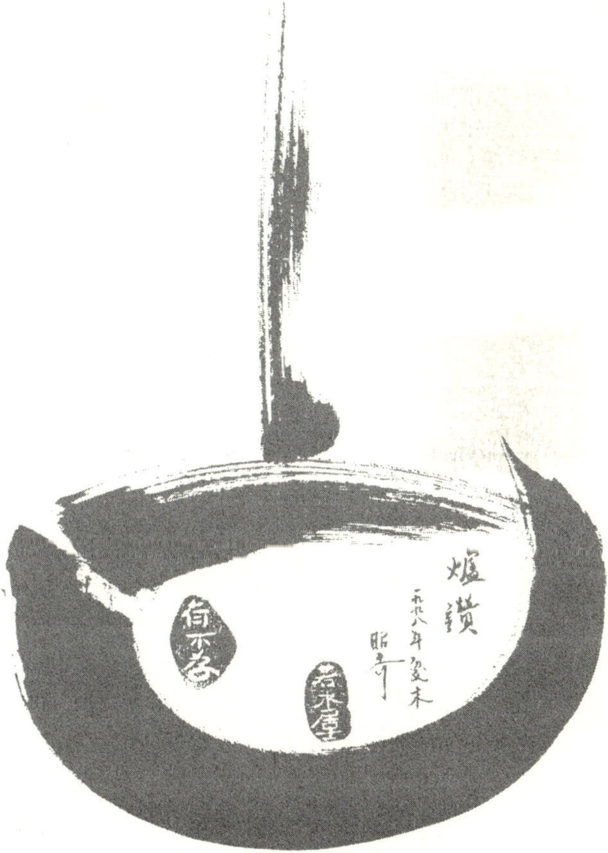

修菩薩道難
利一切有情更難
利一切有情而不吝惜最難
修菩薩道行之在我操之也在我

Schwer ist es
Seine Ziele
Zu erreichen

Noch schwerer ist es
Seine Ziele
Zu verbergen

Denn
Was unser Ziel sei
Hängt
Nicht immer
Von uns alleine ab

Ist
Unser Ziel aber
Das Innere selbst
Dann müssen wir es
Alleine finden

達真心之道即離欲之道

達離欲之道即無我執之道

達無我執之道即真心之道

Um
Das innere Selbst
Zu erreichen
Ist es nötig
Die Begierden
Zu besiegen

Um
Die Begierden
Zu besiegen
Ist es nötig
Sich selbst
Zu vergessen

Um
Sich selbst
Zu vergessen
Ist es nötig
Das innere Selbst
Zu erreichen

真心最難拒者為內魔非外魔

Die
Größte Gefahr
Für das
Innere Selbst
Liegt
Nicht im
Außen

Ich weiß nicht, wie viel Zeit ich schon im Kloster verbracht hatte, als eines Tages der Meister zu mir und den Mönchen trat und sagte: »Kommt mit mir hinaus. Der Mond hängt über den Weiden und über dem Dach unseres Klosters, und er wirft seine Strahlen auf die Teiche. Es sieht aus, als ob nun viele Monde am Himmel hingen.«
Wir verließen die Gebetshalle und waren von dem nächtlichen Schauspiel draußen entzückt.
»Warum haltet Ihr diesen Mond für schöner als den gestrigen und den von vorgestern?« gab uns der Meister zu bedenken. »Verliert Euch nicht im Sichtbaren. Wenn der Mond voll ist, erscheint er schön. Genauso schön ist er auch als Sichel. Dieser Mond ist jener Mond, so wie jener Mond dieser Mond ist. Geht jetzt zu Bett, denn morgen müssen wir noch zeitiger aufstehen. Wir fahren zur Nachbarinsel; dort wollen wir Herzen befreien.«
Alle Anwesenden wunderten sich über diese Worte, doch keiner wagte es, ihre Bedeutung in Erfahrung zu bringen. Also ging man zu Bett.
Als der Morgen kam, hörte ich die Stundentrommel, die zum ersten gemeinsamen Gebet rief. Nach dem Beten machte man sich auf den Weg zum Hafen, wo bereits einige Gäste des Klosters, die uns begleiten sollten, mit Angelruten warteten. Nach kurzer Fahrt erreichten wir die Nachbarinsel. Der Meister ließ sich auf einem Fel-

sen nieder, blickte auf das Meer hinaus und bat die Gäste, ihre Angeln auszuwerfen, da dies den Mönchen selbst verboten war. Schon nach kurzer Zeit konnten sie sich über einen gelungenen Fang freuen.

Da sprach der Meister: »War es der Haken, der die Fische fing, oder Euer Geist? Lag Eure Begeisterung im Ergebnis oder im Tun? Und nun stellt Euch vor, diese Fische wären Eure Großväter und Großmütter oder Eure Väter und Mütter.« Mit bedrücktem Gesicht traten sie ans Wasser und setzten die Fische wieder aus.

Bei Sonnenuntergang ruderten die Gäste das Boot mit den Mönchen zum Kloster zurück. Bevor wir an der Tempelinsel anlegten, sagte der Meister zu mir:

»Was Du heute erfahren hast, zeigt Dir, wie sehr das innere Selbst an der Lebensgier festhält. Denn um zu leben, müssen wir essen. Erst wenn wir lernen, freiwillig darauf zu verzichten, alles, was Leben in sich trägt, zu töten ... erst dann kann sich auch unser inneres Selbst von der Lebensgier befreien und in einen Zustand treten, der nichts mehr wünscht und will. So finden wir zu einem befreiten Herzen.«

Fisch

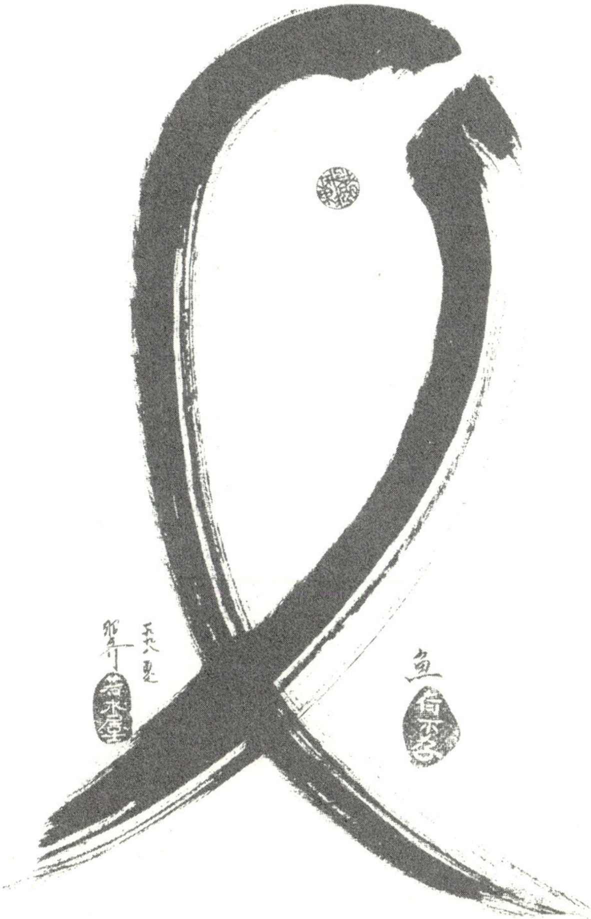
魚

心性倘然顯悟智慧自然顯現

心性倘若執迷真理也会当面錯过

Wenn das Herz
Befreit ist
Kommt der Verstand
Von selbst
Zu Dir

Doch ist es
Nicht befreit
Wirst Du die
Weisheit
Nicht erkennen
Auch wenn
Sie ganz nahe
Bei Dir ist

萬物皆有形與道卻無形
道雖無形卻可以傳給別人
道雖無形卻可以心裡領悟

Die Weisheit
Kennt
Keine
Form

Dennoch
Kann
Man
Sie
Weitergeben

Dennoch
Kann
Man
Sie
Empfangen

悟與迷類同可是並不落一体

Weisheit
Und
Verirrung
Ähneln
Sich
Aber
Sie
Sind
Nicht
Eins

Als wir zurückgekehrt waren, bat uns der Meister in den Klostergarten. Und während die Sonne langsam ihre Kraft verlor, lehrte er uns …

»Um das Herz zu befreien, genügt es natürlich nicht, sich allein im Loslassen seiner Beute zu üben. Ein tieferer Weg besteht darin, Körper, Sprache und Gedanken zu vereinen. Dies gelingt, wenn man das rechte Mantra, also den rechten Meditationssatz oder das passende Meditationswort, das Ihr von Eurem Meister erhaltet oder das Ihr Euch selbst wählen könnt, ständig wiederholt, aber so, dass Ihr Euch gleichzeitig des Sinns des Gesprochenen bewusst seid. Um nun auch den Körper nicht außer acht zu lassen, ist es nötig, während des Betens in die Knie zu gehen und mit der Stirn den Boden zu berühren, um dann wieder aufzustehen und das Ritual zu wiederholen, solange man möchte. Die Hände sind dabei zuerst vor der Stirn und dem Gesicht gefaltet; danach liegen sie offen, mit dem Handrücken auf dem Boden.

Gebetskette

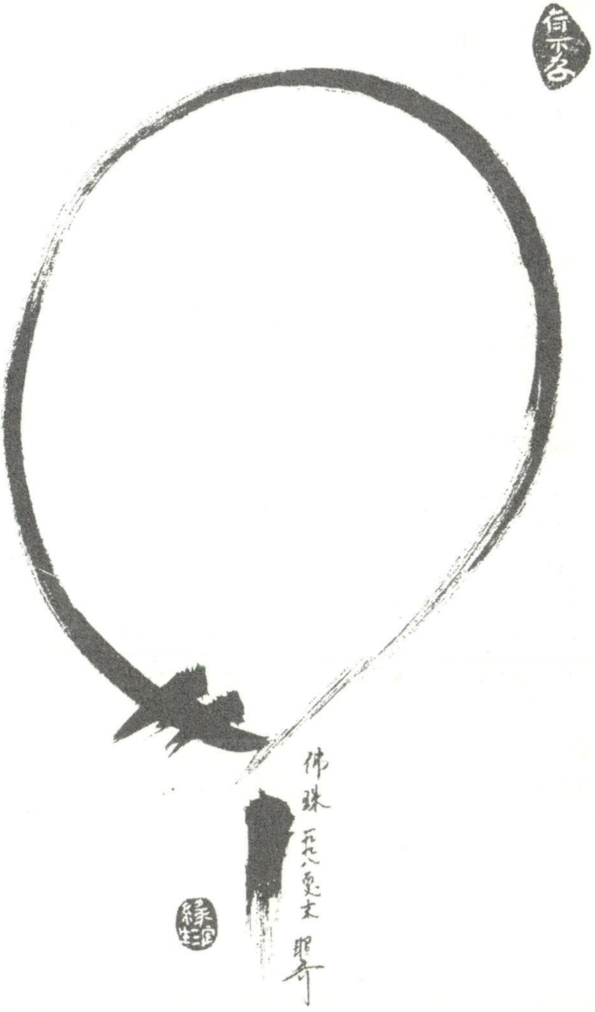

Eine weitere Übung besteht darin, mit der Gebetskette zu chanten. Bei jeder Perle soll man sein Gebet oder sein Wort zehnmal wiederholen, so lange, bis man wieder am Anfang der Kette angelangt ist.
Für alle Menschen der modernen Welt, die nur wenig Zeit zur Verfügung haben, aber nicht auf das Meditieren verzichten wollen, gibt es dennoch eine Möglichkeit, um zu meditieren. Ich spreche jetzt von der ›Atme-zehnmal-Übung‹. Hierbei muss man zunächst tief einatmen, um dann sein Meditationswort so lange sprechend zu wiederholen, bis man wieder atmen muss: Zwischen den einzelnen Worten sollte möglichst keine Pause entstehen. Dieser Vorgang ist zehnmal hintereinander aufzunehmen.
Bei jeder Meditation aber sollte nicht vergessen werden, dass es wenig sinnvoll ist, anfangs fleißig, später aber faul zu sein. Die Regelmäßigkeit ist dabei von größter Bedeutung. Wer seine Blumen und Pflanzen jeden Tag mit der nötigen Menge Wasser versorgt, erhält ein besseres Ergebnis als jemand, der nur von Zeit zu Zeit gießt. Sucht Euch deshalb eine Stunde, in der Ihr regelmäßig ungestört Euren Übungen nachgehen könnt. Es gibt jedoch auch Schüler, die sich damit nicht zufrieden geben und voller Ehrgeiz noch mehr üben wollen. Dies ist aber eine hohe Kunst, denn es verlangt, dass man die Praktiken der Meditation mit den Handlungen des täg-

lichen Lebens zu verbinden weiß. Ist man jedoch sehr weit fortgeschritten, spielt es keine Rolle mehr, ob man übt oder nicht.«

Daraufhin bat er einen der Novizen, aus jenem Buche vorzulesen, in das er selbst jeden Tag schrieb …

合掌頂礼身業清淨
稱念聖號口業清淨
心中一塵不染意業清淨

Falte Deine Hände
Vor der Stirn
Und Du reinigst
Deinen Körper

Sprich beständig
Den Dir gegebenen Laut
Und Du reinigst
Deine Worte

Lass alle Deine
Gedanken los
Und Du reinigst
Deinen Geist

能捨盡一切即能得到一切

Alles aufzugeben
Heißt
Alles zu erlangen

菩提心是清淨心即全無妄念

欲得清淨心即無視生死利害得失

而此清淨心即福智無边

Nur
Wenn Du Dich selbst
Vergisst
Findest Du
Dein wahres Herz
Darin
Du
Wahre Freude
Und
Wahre Weisheit
Triffst

Plötzlich unterbrach das Dröhnen der Stundentrommel, die zum Abendgebet rief, die Szenerie. Es schien, als würde sich der Ton bis ans Ufer der Insel fortsetzen, um dann im Wasser den Rhythmus des Chantens aufzunehmen. Ich sah, wie die Mönche in der Gebetshalle die Kerzen anzündeten, so dass das Gold der Buddhastatuen die Flammen widerspiegelten und sie wie in ein Meer von Licht getaucht erscheinen ließen.

Wir wuschen unsere Hände, zogen jene Stoffschuhe an, die in der Gebetshalle erlaubt waren, und traten ein. Sodann begann die Unterweisung des Abends.

Ein Gast des Klosters trat vor, verneigte sich tief und sagte: »Meister, ich bin ein armer Fischersmann. Vor einigen Stunden habe ich auf Dein Geheiß meinen Fang wieder freigelassen. Doch morgen muss ich meine Familie ernähren. Mache ich mich schuldig, wenn ich wieder fischen gehe?«

Der Meister blickte den Mann lange und gütig an. Dann sprach er: »Wenn es für Dich wirklich keinen anderen Weg gibt, Deinen Lebensunterhalt zu bestreiten, dann solltest Du nur so viele Fische verkaufen, wie Du wirklich brauchst, um Deine Familie zu ernähren. Gib allen anderen, die Du fängst, die Freiheit wieder. Weißt Du dann auch noch, dass es einen Weg zur Buddhaschaft gibt, den jeder begehen kann, so kannst auch Du ihn gehen und Glück und Freiheit finden.« Voller Zuversicht hob der Fischer sein sonnengegerbtes Gesicht und sagte: »Wie schön! Dann kann also auch ich mich auf den Weg machen. Aber wie ich schon weiß, muss man dafür auch viel meditieren.« Und etwas ausgelassen ergänzte er: »Dabei hat man doch ständig die Beine zu verrenken.«

»Genügt es, das Netz ins Wasser zu werfen, um viele Fische zu fangen?« gab der Meister zurück.

Da lachte der Fischer auf: »Das hängt davon ab, wo man fischt und welchen Fisch man möchte. Hinzu kommt noch, dass man nicht alle Fische mit dem Netz fangen kann.«

»Du hast recht«, meinte der Meister. »Aber mit der Meditation verhält es sich genauso. Sich in sich zu versenken heißt nicht, dass man seine Beine verrenken oder sonstige merkwürdige Bewegungen machen muss. Alles folgt einem natürlichen Ablauf, der – wenn man ihn beherrscht – ohne Anstrengung ist. Sorge aber zunächst für äußere Ruhe. Dann setze Dich nieder, halte Deinen Kopf leicht gesenkt und richte den Blick nach unten. Schließe die Augen nicht vollständig, damit Du Dich nicht dem Schlaf überlässt. Dann beginne, Deinen Atem unter Kontrolle zu bringen. Atme ganz ruhig und stelle Dir dabei vor, wie alles Schlechte Deinen Körper und Deinen Geist beim Ausatmen verlässt und wie das Gute beim Einatmen in Dich hineinströmt. Atme nicht durch den Mund, sondern nur durch die Nase, damit Du nicht die Konzentration verlierst.« Daraufhin teilte er dem Fischer mit, was er zu chanten hatte …

Netz

網
一九九八年 夏末

相由心生相隨心滅

Alles Sichtbare
Kommt von den Gedanken
Alles Sichtbare
Geht durch die Gedanken

内不住外不住

内外不住来去自由

内外不住来去自由

Nichts bleibt
In meinem
Geist
Nichts bleibt
In meinem
Körper
Hierher
Komme ich
Frei
Dorthin
Gehe ich
Frei

七字真言

常樂我淨真實善

Die
Sieben
Worte
Seien:

Stets
Freude
Ich
Reinheit
Ehrlichkeit
Wahrheit
Güte

»Es ist nicht schwierig für mich«, meinte der Fischer, »Deinen Anweisungen Folge zu leisten.«

»Gewiss«, der Meister lächelte, »aber dies ist auch noch nicht alles. Du hast noch zu lernen, Deinen Atem mit Deinem Körper verschmelzen zu lassen, damit beide im gleichen Rhythmus schwingen – weder zu schnell noch zu langsam. Und dann musst Du noch wissen, wie man seinen Geist unter Kontrolle hält, damit er nicht von den Ereignissen der Welt abgelenkt wird so lange, bis Du in der Lage bist, nichts mehr zu denken.«

Der Meister strich sein Gewand glatt und fuhr fort: »Auch wenn Du an nichts denkst, während Du so dasitzt, bedarfst Du dennoch der Weisheit Deines inneren Selbst, um Dein Sitzen zu bewachen. Sonst bist Du wie in stockdunkler Nacht und hörst die Stille, siehst sie aber nicht.«

Stille

默

大智慧與人本自有之本自寂出

佛性與人本自有之本自寂出

Jeder
Ist
Weise
Der
Die
Stille
Sieht

Jeder
Ist
Buddha
Der
Die
Stille
Wird

萬法在諸人性中 若見一切人之惡與善
盡皆不取不捨
自性能含萬法 心如虛空故名之為大
即為萬法

Lasse Dich
Weder
Vom Schönen
Noch
Vom Abstoßenden
Reizen

Reize auch Du
Weder
Das Schöne
Noch
Das Abstoßende

七字真言

信戒聞捨慧慚愧

Die
Sieben
Worte
Seien:

Glaube
Demut
Lernbereitschaft
Selbstlosigkeit
Weisheit
Achtsamkeit
Ehrgefühl

»Das Ziel der Meditation ist es«, fuhr der Meister nach einer Weile fort, indem er zur versammelten Menge sprach, »sein wahres Selbst zu erkennen.« Ein junger Mann, der eben erst zum Mönch geweiht worden war, spaßte: »Dann erkenne ich vielleicht, dass mein wahres Selbst jener Fischer ist, der eben sprach, und dass dessen wahres Selbst ein großer Meister ist.«
Jeder, der sich in der Halle aufhielt, fing an zu lachen, bis der Meister das Gelächter unterbrach: »Gut gesagt. Wenn das wahre Selbst dieses Fischers nicht wirklich ein großer Meister wäre, dann würde dieser Mann heute nicht unter uns sein.«
Daraufhin meldete sich ein Freund des Fischers: »Aber wenn er ein großer Meister war, weshalb ist er dann nicht etwas Bedeutenderes geworden als ein armer Fischer?«
Voller Mitgefühl sprach da der Meister: »Auch ein großer Meister bleibt nicht immer ein großer Meister. Zwischen einem Fischer und einem Meister gibt es keinen Unterschied. Solange man aber noch einen Unterschied sieht, ist man noch nicht in der Lage, das wahre Selbst zu erkennen.«
Nun begannen die Mönche zu chanten …

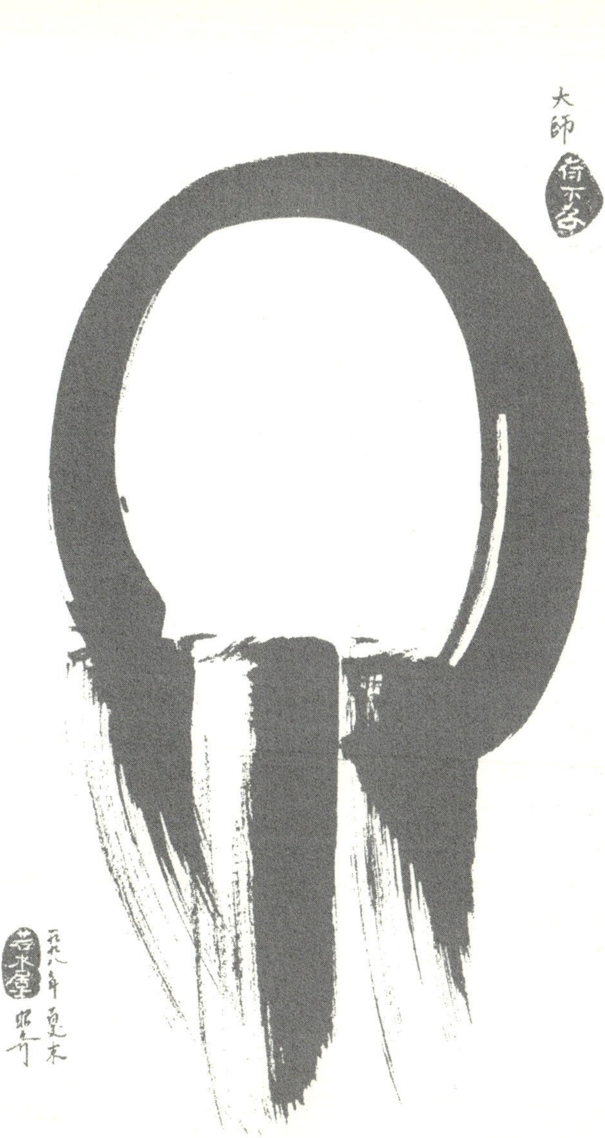
大師
一九九八年 夏末

唵伽嚕唎伽嚕唎
伽摩唎伽摩唎
薩婆呵

Won
Shou
Dou
Li
Shou
Dou
Li
Shou
Mo
Li
Shou
Mo
Li
Sa
Po
Ho

Gebet, um den Körper zu reinigen

唵佟唎佟唎
摩呵佟唎
佟佟唎薩婆訶

Won
Shou
Li
Shou
Li
Mo
Ho
Shou
Li
Shou
Shou
Li
Sa
Po
Ho

Gebet, um die Worte zu reinigen

唵嚩日囉怛訶賀斛

Won
Wa
Zi
La
Da
Ho
Ho
Hu

Gebet, um den Geist zu reinigen

Nach dem Chanten wurden alle zur Abendmahlzeit gerufen. Es wurden folgende Speisen gereicht: Pilze mit Tofu, Gurken mit gesalzenen Sojabohnen, Bambussprossen mit frischen Sojabohnen und gebratene Tofuhaut mit einer süßsauren Soße.
Man bedankte sich und wollte schon zu essen beginnen, als der Meister aufstand und sprach: »Schaut Euch diese Speisen an. Sind sie nicht ein gutes Beispiel dafür, wie man aus einer Urform, nämlich der Sojabohne, vier ganze Erscheinungsweisen schaffen kann? Eine Form gleicht also vielen.« Da protestierte eine Frau: »Ihr habt die fünfte Form vergessen, nämlich die Sojasoße.«
Ein Mann, der neben ihr saß, beschwichtigte: »Aber der Meister sagte doch auch: ›Eine Form gleicht also vielen.‹ Da ist es doch ohne Bedeutung, ob es vier oder fünf sind.« Der Meister unterbrach das Gespräch, indem er sagte: »Menschen ändern ihre Erscheinungsweise wie ein Chamäleon. Heute meinen sie, Macht zu haben, morgen Schönheit und übermorgen Reichtum. Gestern waren sie arm, hässlich und ohne Einfluss. Warum vergessen sie ständig, dass all dies ohne Bedeutung ist, da wir in Wirklichkeit einer Sojabohne gleich sind. Alle unsere Formen lassen sich auf eine zurückführen, auf unser wahres Selbst.«

Soja

醬油

若起真正般若觀照一刹那間妄念俱滅
所謂一刹那間也可以用練習漸進的方式

Wer sein
Wahres Selbst
Findet
Dessen Begierden
Entschwinden
In einem einzigen
Augenblick
Und dieser
Augenblick

Kommt zu Euch
Durch
Geduld

何識自性

自性不在鏡中在自知中

Wie
Erkennt man
Das wahre Selbst

Indem man
Nicht mehr
In den
Spiegel
Blickt

若識本心即本解脫
若識解脫即了然死生

Wie
Löst man sich
Von seinen Fesseln

Indem man sieht
Dass
Tod und Leben
Gleiches sind

Nach der Mahlzeit, als sich der Meister zur Ruhe begeben hatte, trat ich zu ihm und fragte: »Was soll ich machen, wenn es mir trotz aller Anstrengung nicht gelingt, mein wahres Selbst zu finden?«
Der Meister hob die Augenbrauen: »Dann musst Du Dich eben anstrengen.«
»Und was habe ich dabei zu tun?«
»Nichts anderes als Dich zu fragen, wo die Sojabohne ist. Denn große Fragen bringen großes Verständnis.«
»Hilft mir mein Bewusstsein bei der Beantwortung Deiner Frage?« wollte ich wissen.
»Die Sonne scheint, weil sie scheint. Der Mond leuchtet, weil die Sonne scheint. Dein inneres Licht gleicht den Strahlen der Sonne, Dein Bewusstsein dem Mond.«
Ich verstand. Mit dem Bewusstsein war mein Problem nicht zu lösen. Es war also das innere Licht, das ich in mir zu entzünden hatte, um die Sojabohne zu finden. Langsam begann ich ruhiger zu werden und Selbstvertrauen zu gewinnen.
Da war nichts, das ich fürchten musste. Alles war nur eine Erscheinungsform des Sichtbaren. Ich begann, hinter den Schleier zu blicken ...

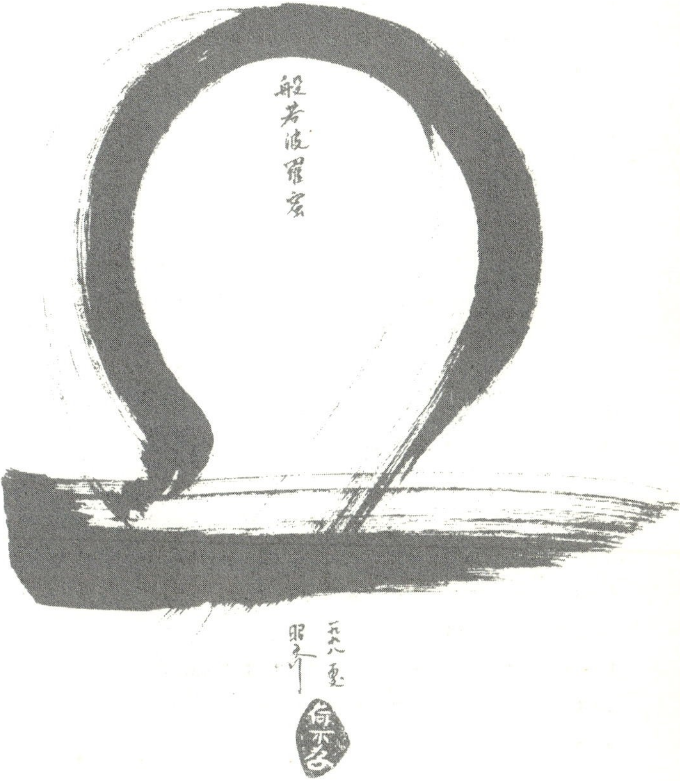
般若波羅密

自性即解脫之道
欲得自性唯身念

Inneres Licht
Bringt
Großes Befreien

Die Suche
Danach
Aber soll schlafen

欲得無念唯心不沾染
心不沾染惟自心識之

Ebenso
Ruhe
Die
Suche
Nach
Dem
Großen
Erwachen

Dieses
Geschieht
Wenn
Es
Will

心不污染於一切法
即識真空

Großes Erwachen
Große Leere

Wir verließen das Refektorium und gingen durch den Gemüsegarten zu einem Pavillon. Dort setzte sich der Meister auf eine Bambusbank und bot mir einen Platz an. Dann begann er zu sprechen:
»Vor langer Zeit lehrten hier Meister Ma Zu und Meister Hwei Zan. Ma Zu schloss sich oft stundenlang in seiner Zelle ein und meditierte. Um zu erkunden, ob Ma Zu auch auf dem richtigen Weg war, klopfte Hwei Zan immer wieder an dessen Tür, bis Ma Zu schließlich öffnete und folgende Worte zu hören bekam: ›Meinst du wirklich, durch dieses dauernde Sitzen die Buddhaschaft erlangen zu können?‹ Ma Zu schlug sogleich die Tür wieder zu und blieb für die nächsten Tage verschwunden. Hwei Zan machte sich Sorgen und ersann eine List, um Ma Zu zum Öffnen der Türe zu bewegen. Jeden Morgen begann er, einen Ziegelstein am Boden zu reiben, und hörte erst abends damit auf. Als Ma Zu infolge dieses Lärms nicht mehr in der Lage war zu meditieren, öffnete er seine Türe und rief: ›Was tust Du da?‹ – ›Ich versuche, aus dem Ziegelstein einen Spiegel zu machen‹, antwortete Hwei Zan. ›Das ist doch völlig unmöglich.‹ Ma Zu lachte. ›Warum?‹ entgegnete Hwei Zan. ›Du meinst doch auch, durch langes Sitzen zum Buddha zu werden.«‹

Bambus-Bank

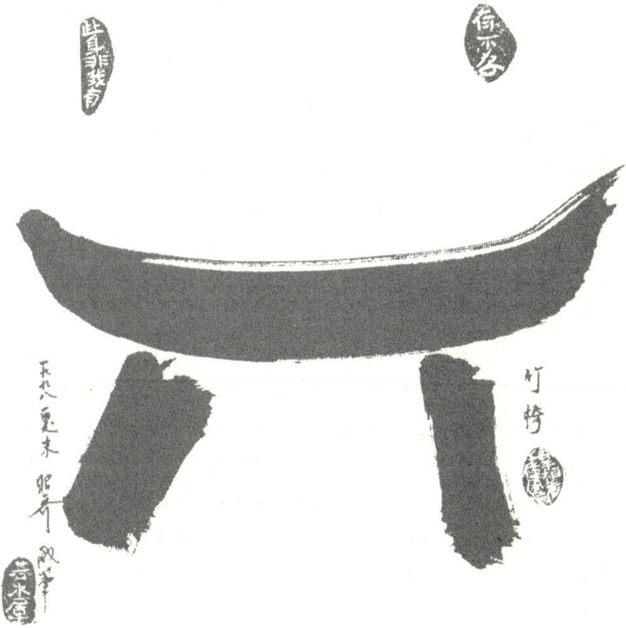

空不等於無
空不是斷滅
空是真有

Ein blinder Spiegel
Ist der großen Leere
Nicht gleich

Erst wer
Nichts im Spiegel
Wahrnimmt

Geht
Den Weg der
Großen Leere

学空要学布施
布施即捨一切捨自己

Um die große Leere
Zu erreichen
Ist es nötig
Selber leer zu werden

Leer wird man nur
Wenn man alles
Verschenkt
Sogar das wahre Selbst

自性是真空是本心

Nur wenn
Das wahre Selbst
Leer ist
Ist es voll
Des wahren Selbst

Am nächsten Morgen ging ich schon sehr zeitig zur Gebetshalle. Ich traf den Meister am Eingang und erzählte ihm, dass ich im Traum einen Vogel gesehen hatte, der mit seinem gleichmäßigen Flügelschlag höher und höher gestiegen war, bis er für das Auge nicht mehr sichtbar gewesen war.

»Was Du gesehen hast«, meinte der Meister, »war ein Sinnbild, das Dir Deine Seele schickte. Sie zeigte Dir, wie man sich durch die Einheit von körperlicher Ausdauer und geistiger Beharrlichkeit von allem Irdischen lösen kann, um zur anderen Seite* zu gelangen.« Daraufhin betraten wir die Gebetshalle, in der sich schon viele Mönche im Erreichen der Einheit von Ausdauer und Beharrlichkeit versuchten. Der Meister ließ seinen Blick über die Szene gleiten und erzählte sodann den Mönchen meinen Traum. Und er sprach: »Wir wollen uns den Vogel zum Vorbild nehmen. Lasst uns unsere Schwingen ausbreiten und dorthin streben, wo nichts mehr sichtbar ist...«

* *»andere Seite«: im Buddhismus jene Welt, die Buddha nach seinem »Erwachen« sah; eine Welt ohne Leid.*

Vogel

定慧等持則見佛性

Zwei Flügel
Brachten uns hierher
Zwei Flügel
Werden uns von hier
Forttragen

取而不捨乃凡夫之行為
捨而不取乃小乘者之心

Wer nur nimmt
Und nicht gibt
Lernt die Leere
Nicht kennen

Wer nur gibt
Und nicht nimmt
Lernt die Leere
Kennen

取而不贪法
捨而不著相

Wer ohne Begierde
Nimmt
Wer ohne Absicht
Schenkt
Lernt die große Leere
Kennen

Als ich am nächsten Morgen erwachte, war ich über die Ruhe im Kloster erstaunt. Es war der Tag, an dem die Mönche die Insel verließen, um jenseits des Ufers um Almosen zu bitten. In Gedanken versunken wandelte ich auf dem Gelände umher, bis ich den Meister fand, der sich bereits in innerer Versenkung befand. Ich ließ mich neben ihm nieder und tat es ihm gleich, bis die Sonne ihren höchsten Stand erreicht hatte. Als sich dann der Meister erhob, fragte ich ihn: »Wenn die Mönche schon alles aufgegeben haben, warum versuchen sie dann noch immer, mildtätige Gaben zu erhalten?«

»Dadurch ermöglichen sie den Gebenden«, erklärte mir der Meister, »eine gute Tat zu vollbringen. Denn die Gaben, welche die Mönche bekommen, werden wiederum an Bedürftige weitergegeben.« Nach diesen Worten verneigte er sich, kniete nieder und berührte mit seinem Haupt die Erde. »Von hier stammt alles, dessen wir bedürfen«, sagte er ernst. »Warum vergessen wir stets, uns dafür zu bedanken?«

Mönchs-Schüssel

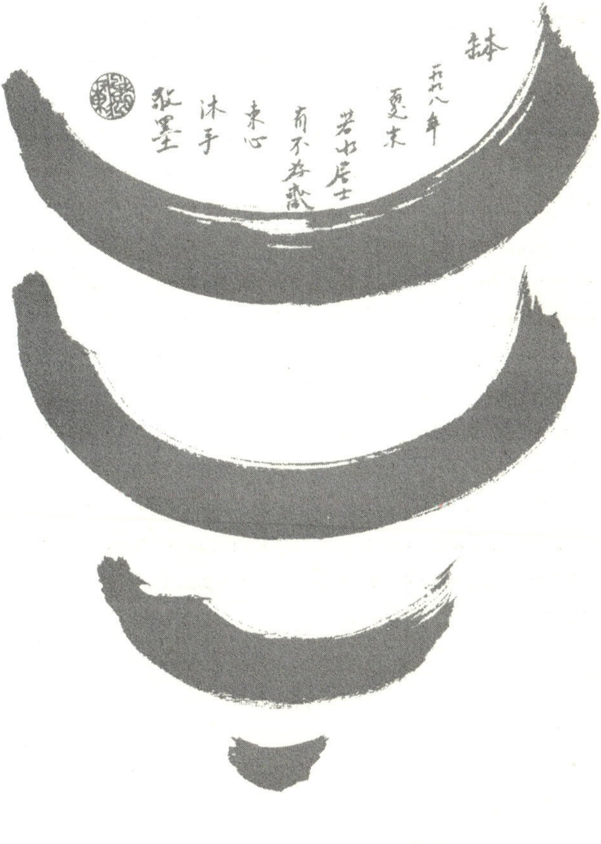
鉢
一九九八年
夏末
若水居士
有不存
東心
沐手
敬墨

南無三滿哆沒馱喃唵
度嚕度嚕地尾薩婆訶
安土地真言

Na
Mo
San
Man
Do
Mo
Tou
Na
Won
Du
Lu
Du
Lu
Zei
Wei
Sa
Po
Ho

Gebet, um die Erde zu heilen

唵誐誐曩三婆嚩伐日囉斛

普供養真言

Won
Ye
Ye
Nan
San
Po
Wa
Fa
Ze
La
Hu

Dankgebet für die Gaben der Erde

唵娑摩囉娑摩囉

彌摩曩薩哈囉

摩訶咱哈囉吽

普回向真言

Won
So
Mo
La
So
Mo
La
Mi
Mo
Na
Sa
Ha
La
Mo
Ho
Zan
Ha
La
Hon

Gebet für alle Lebewesen der Erde

Nach der Mittagsruhe lud mich der Meister zu einem Spaziergang ein. Als wir eine Brücke betraten, die sich über ein ausgetrocknetes Flussbett spannte, fragte er mich: »Was machst Du, wenn Deine Wünsche nicht erfüllt werden?«

»Früher war ich traurig oder fing an, mich zu ärgern«, antwortete ich. »Heute aber weiß ich, dass dies nicht der rechte Weg ist. Ich habe eingesehen, dass meine Wünsche nur Begierden sind, die neue Wünsche erzeugen, und dass Ärger nur noch größeren Ärger hervorruft.«

»Weißt Du, was Duldsamkeit ist?« wollte der Meister in Erfahrung bringen.

»Ich denke schon. Wann immer sich etwas so ereignet, wie es gerade nicht gedacht war, beruhige ich meine Sorgen und damit den Ärger, der ja daher stammt. Ich dulde alles, was sich ereignet, da ich weiß, dass es sich ereignen muss. Das Flussbett, über das wir gerade gingen, führt kein Wasser mehr, und dennoch ist es ein Flussbett geblieben. Wenn eines Tages das Wasser zurückkehren wird, dann wird es froh sein, sich nicht aufgegeben zu haben.«

Fluß

河

應視過往恍如一夢
每個人都有一個過去
東奔西走過了數十年
回想一下恍然如夢

Das Vergangene
Gleicht
Einem Traum

Jeder
Trägt Vergangenes
In sich
Wohin er auch geht

Erinnert er sich
Gleicht
Das Vergangene
Einem Traum

應視現在猶如電光
現在的事物似乎是真
存在的但是終久也会消失

Das Gegenwärtige
Gleicht
Einem Blitz

Jeder
Lebt das
Gegenwärtige
Wohin er auch geht
Doch was er auch tut
Gleicht einem Blitz
Es vergeht

應視未來猶如浮雲
未來的境界想像是
美好光景似乎有一天
終能成真然而猶如
煙雲捉摸不定

Die Zukunft
Gleicht
Einer Wolke

Jeder
Trägt das Künftige
In sich
Wohin er auch geht
Doch was immer er sich erhofft
Es wird sich verändern
Wie eine Wolke

Auf dem Rückweg blieb der Meister mitten auf der Brücke stehen, blickte auf die Steine hinab und sagte: »Diese Wesen wissen, was Duldsamkeit ist. Sie wehren sich nicht, sie ertragen alles, sie begehren nichts, sie lehnen sich nicht auf, sie halten still.«

»Aber wie wird man einem Stein gleich, Meister?« erkundigte ich mich. »Indem Du darauf bestehst.« »Und wie kann mir das gelingen?«

Wir hatten die Brücke bereits verlassen und schlugen den Weg zum Tempel ein, als des Meisters Antwort erfolgte: »Eine Möglichkeit besteht darin, sich zu zwingen, die Ereignisse oder die Menschen, die einem nicht behagen, zu ertragen. Aber hierin liegt ein zu großer Selbstzwang. Eine andere Möglichkeit ergibt sich durch die Unterdrückung des Ärgers, der dem Selbstzwang entspringt. Jedoch auch das führt nicht zu freiwilliger Duldsamkeit und Toleranz. Aber durch die Kraft der inneren Versenkung wird es gelingen, seine Sorge und seinen Ärger zu verlassen, so dass man frei wird für alles Lebendige, für dessen Dasein es einen Grund geben muss; denn sonst wäre es nicht da. Auch Du gehörst zum Lebendigen. Weshalb also solltest Du etwas nicht dulden?«

Brücke

橋

忍耐致柔和

柔和制

惱怨恨

Duldsamkeit
Ist
Milde
Milde

Ist
Stärker
Als
Zwang

学佛要度一切众生
学佛不只修己还要度人

Sich selbst
Zu erkennen
Heißt
Alle Wesen
Zu erkennen

Ein Wesen
Zu erkennen
Heißt
Sich selbst
Zu erkennen

度一切衆生勿生瞋恚心

Hilf
Allen Wesen
Ihre Furcht
Vor dem Unbekannten
Zu verlieren

Als die Mönche am Abend zurückkehrten, brachten sie die Almosen, die sie tagsüber erhalten hatten, zum Tempelverwalter. Dann reinigten sie sich und versammelten sich in der Gebetshalle zum abendlichen Gedankenaustausch. Einer der Mönche, die mit weniger Gaben zurückgekommen waren, meinte: »Mein Weg führt mich stets zu den Bedürftigen, denn es ist mein Bestreben, sie verstehen zu lassen, wie reich sie in Wirklichkeit sind.«
Da erhob sich ein anderer Mönch und widersprach: »Wäre es nicht sinnvoller, jenen etwas zukommen zu lassen, um ihr Los zu verbessern, anstatt von ihnen Gaben anzunehmen?«
Da erhob der Meister seine Stimme und sagte: »Ihr Gutherzigen! Manche von Euch haben heute vieles erhalten und manche weniges. Gleichwohl stimmen vieles und weniges überein. Die Menschen haben Euch etwas gegeben, wie auch Ihr ihnen etwas geschenkt habt. Es gibt daher im Leben weder zuviel noch zuwenig. Auch reich und arm stimmen überein. Denn der Reiche ist arm, weil er zuwenig verschenkt, und der Arme ist reich, weil er trotz seiner Armut Geschenke zu machen vermag.«

Gegensatz

捨一切有相
捨一切無相
捨己捨佛

Verschenke
Alles Sichtbare
Verschenke
Alles Unsichtbare
Verschenke
Dich
Verschenke
Buddha

視往勿忘来之本
但視未来勿念去之路

Blicke zurück
Woher Du kommst
Aber blicke nicht auf das
Wohin Du gehst

生来富唯一体生来贫唯一体
死去富失一体死去贫失一体
知自性则生来非贫非富
死去亦非贫非富

Bist Du reich geboren
Hast Du einen Körper
Bist Du arm geboren
Hast Du einen Körper
Stirbst Du reich
Verlierst Du Deinen Körper
Stirbst Du arm
Verlierst Du Deinen Körper
Erwachst Du aber
Wirst Du
Weder arm noch reich
Geboren
Und Du
Stirbst auch
Weder reich noch arm

Nun stand der Mönch, der die meisten Almosen erhalten hatte, auf und sagte: »Mich führt mein Weg stets zu den Wohlhabenden, denn es ist mein Bestreben, sie verstehen zu lassen, dass sie noch reicher werden können, wenn sie den Reichtum hinter dem Reichtum kennen lernen.«

Ein anderer Mönch redete dagegen, indem er sagte: »Du gehst doch nur zu den Reichen, weil Du weißt, dass das Sammeln dort am schnellsten geht und Du sicher sein kannst, dort viel zu bekommen. Aber so machst Du zusätzlich die Reichen noch reicher.«

»Ich möchte Dir eine Geschichte erzählen, die sich heute Mittag zugetragen hat«, erwiderte der Mönch. »Ich kam zum Haus eines sehr wohlhabenden Mannes. Als ich eintreten wollte, sagte man mir, dass er im Sterben liege, und fragte mich, ob ich nicht sein Leben erhalten könnte, wenn man mir die Hälfte seines Besitzes schenken würde. ›Nicht einmal dann, wenn Ihr mir sein ganzes Vermögen gebt‹, versetzte ich. ›Aber lasst mich zu ihm, damit ich mich mit ihm innerlich versenke, denn ich möchte, dass er erwacht und in seinem nächsten Leben ein wahrhaft reiches Dasein führt!‹ Man führte mich zu dem Sterbenden. Dort beteten wir ...«

Wiedergeburt

再生

有相皆如夢
有相皆如水滴
有相皆如露
有相皆如電
有相皆去
佛菩薩來

Alles Sichtbare
Ist Traum
Alles Sichtbare
Ist ein Wassertropfen
Alles Sichtbare
Ist Tau
Alles Sichtbare
Ist ein Blitz
Alles Sichtbare
Geht
Buddha
Kommt

奉請觀世音菩薩

奉請釋迦牟尼佛

奉請阿彌陀佛

奉請地藏王菩薩

Ich bitte
Den Buddha des Mitgefühls
Zu kommen
Ich bitte
Den Buddha der Weisheit
Zu kommen
Ich bitte
Den Buddha des Schutzes
Zu kommen
Ich bitte
Den Buddha des Lebens
Zu kommen

求菩薩得見聞
求菩薩得受持
求菩薩得妙法
求菩薩得加持
求菩薩到彼岸

Buddha hilft mir
Buddha zu erkennen
Buddha hilft mir
Den Schmerz zu ertragen
Buddha hilft mir
Die Weisheit zu sehen
Buddha hilft mir
Alle Wesen zu ehren
Buddha hilft mir
Die andere Seite zu erreichen

Nachdem der Mönch seine Rede beendet hatte, meldeten sich die Novizen zu Wort und fragten: »Meister, nun haben wir so viele verschiedene Ansichten gehört, doch welcher sollen wir folgen?«

Der Meister schwieg eine Weile, dann sprach er: »Hinter jeder Tür, an die Ihr klopft, lebt jemand, der meint, gut zu sein. Eure Aufgabe besteht darin, ihn besser werden zu lassen. Deshalb sollt Ihr an alle Türen klopfen, denn niemand ist schon so gut, dass er nicht mehr besser werden könnte.«

Wieder schwieg er eine Weile, um dann fortzufahren: »Doch wie wird man besser? Nicht nur, wenn man seine Habe verschenkt. Es ist zudem nötig, niemandem Leid zuzufügen, niemandem etwas wegzunehmen, Treue zu bewahren, auf seine Worte zu achten und sich nicht zu berauschen. Wer dies beherzigt und sich darin übt, der ist auf dem Weg, sein inneres Selbst zu finden.«

Mit diesen Worten beschloss er seine Rede, und die Mönche begannen zu chanten ...

Türe

門
一九九八夏

無上甚深微妙法
百千萬劫難遭遇
我今見聞得受持
願解如來真實義

Wu	Shan	Shen	Shen	Wei	Miau	Fa
Bai	Chien	Wan	Gie	Nan	Zou	Yue
Wo	Gin	Gien	Wen	De	Sou	Che
Yuen	Gie	Zu	Lai	Chan	She	Yi

Chant der Verehrung der Liebe

楊枝淨水遍灑三千
性空八德利人天
福壽廣增延
滅罪消愆
火燄化紅蓮

Yan Ze Gin Shui
Bien Sa San Chien
Shin Kon Ba De Li Zen Tien
Fu Shou Guan Zen Yien
Mie Znei Shou Chien
Huo Yien Hua Hon Lien

Chant der inneren Reinigung

南無清涼地菩薩摩訶薩

南無清涼地菩薩摩訶薩

南無清涼地菩薩摩訶薩

Nan Mo Chien Lian Di Pu Sa Mo Ho Sa
Nan Mo Chien Lian Di Pu Sa Mo Ho Sa
Nan Mo Chien Lian Di Pu Sa Mo Ho Sa

Chant der Verehrung Buddhas

Es war Herbst geworden. Der Wind trug die goldenen Blätter der Bäume dorthin, wo ihre Bestimmung lag. Ich beobachtete das Schauspiel und dachte bei mir: Was zusammengehört, wird getrennt. Was lebt, wird sterben. Das, was ganz war, wird zerstört.
Solcherart waren meine Gedanken, bevor ich mich der inneren Versenkung widmete. Nun, nachdem ich auf dem Weg zu meinem wahren Selbst bin, erkenne ich, dass nichts getrennt werden kann, da es schon immer und für immer zusammen ist; dass es keinen Tod gibt, nur ein Sterben; und dass alles ganz ist, auch wenn es zerstört wird. Doch wie kam es, dass sich früher solche Furcht in meine Gedanken schlich? Die Antwort: Weil ich noch nicht verstanden hatte, dass alle Sorge von der Begierde herrührt. Ich liebte mich selbst zu sehr, ich sehnte mich zu sehr danach, geliebt zu werden, ich war genusssüchtig, ich wollte stets nur das Beste für mich, ich hatte kein Mitleid mit anderen Wesen. Doch heute weiß ich, wo meine Bestimmung liegt …

Blatt

一九九八 夏末
若水居士 昭亭

唯忘我執則我執不生
我執不生則自性生

Erst
Wenn man
Die Begierde
Aufgibt
Die Begierden
Aufzugeben
Gibt man
Die Begierden
Auf

一切有為法如夢亦如幻
一法為萬法
本性即一法

Alles
Scheint
Sich
Zu
Verändern

Alles
Aber
Bleibt

Auch
Man
Selbst

年常有常年常年常

Nichts wird
Alles ist
Nichts ist
Alles wird

Der Klang der Stundentrommel riss mich aus meinen Gedanken. Ich machte mich auf den Weg zur Gebetshalle und erreichte sie, gerade als die Mönche aufstanden und mit ihrem Zeremoniell begannen. Wir folgten den Rhythmen der Trommeln, chanteten, knieten nieder und gingen auf diese Weise immer wieder im Rund, bis das Geschehen von drei Gongschlägen beendet wurde und sich jeder auf seinem Gebetskissen niederließ.
Dann rief der Meister einen eben geweihten Mönch zu sich und sprach: »Das Leben ist voller Leiden. Kannst Du mir die acht wichtigsten nennen?« Der Mönch wurde rot: »Ich kenne nur fünf.«
»Gut«, meinte der Meister, »dann sage sie auf.« Mit ehrfurchtsvoller Stimme begann der Mönch aufzuzählen: »Das Leid, geboren zu werden; das Leid, alt zu werden; das Leid, krank zu werden; das Leid zu sterben; das Leid der Trennung.« »Und das Leid der Trauer und des Schmerzes, das Leid der Verzweiflung und das Leid der Unerfüllbarkeit der Wünsche«, ergänzte der Meister.
»Je unsichtbarer diese Leiden sind, um so mehr schmerzen sie. Und je mehr man von seinem inneren Selbst getrennt ist, desto mehr Schaden fügen sie zu. Doch durch die innere Versenkung überwindet man sie.« In diesem Augenblick war die Stille im Raum hörbar …

Trommel-Klang

鼓

知足於汝所有
知足於汝所存
知足於汝所与
知足於汝所与存

Sei zufrieden
Mit dem
Was
Du hast

Sei zufrieden
Mit dem
Der
Du bist

Sei zufrieden
Mit dem
Was
Du nicht hast

Sei zufrieden
Mit dem
Der
Du nicht bist

知足之道存布施
布施之道存節欲
節欲之道存修本性

Der beste Weg
Zufrieden zu werden
Ist
Alles wegzugeben

Der beste Weg
Alles wegzugeben
Ist
Sich selbst zu überwinden

Der beste Weg
Sich selbst zu überwinden
Ist
Die innere Versenkung

生是業力再生也是
業力 佛再生是願力

Geboren zu werden
Ist Leid
Wiedergeboren zu werden
Ist Leid
Wer Buddha wird
Kann wiederkehren
So er
Es wünscht

Als die Stille überhandnahm, stand einer der Gäste des Klosters auf, reinigte seine Brille und begann mit heiterer Stimme zu erzählen: »Einst lebten ein Bauer und sein Sohn. Eines Tages wollten sie ihren Esel auf dem Markt verkaufen. Nachdem sie aufgebrochen waren, trafen sie einen Mann, der rief: ›Seid Ihr dumm? Ihr habt einen Esel und geht dennoch zu Fuß!‹ Daraufhin hieß der Vater seinen Sohn, sich auf den Rücken des Tieres zu setzen. Und so gingen sie ihren Weg weiter. Nach einiger Zeit begegneten sie einer alten Frau. ›Dieser Sohn liebt seinen Vater nicht. Wie kann er ihn zu Fuß gehen lassen?‹ Da tauschten Vater und Sohn den Platz auf dem Rücken des Esels. Später stießen sie auf einen jungen Mann, der klagte: ›Dieser Vater liebt seinen Sohn nicht. Er lässt ihn im Staub gehen und macht es sich selber bequem.‹ Daraufhin holte der Vater seinen Sohn zu sich auf den Esel. ›Wie könnt Ihr ein Tier derart mit Eurem Gewicht belasten?‹ fragte empört ein kleines Mädchen, das am Straßenrand spielte. Daraufhin nahmen der Vater und sein Sohn den Esel auf den Rücken und trugen ihn, worüber alle Vorbeikommenden laut lachten.« Damit beendete der Klostergast seine Rede, und der Meister sagte: »Wer sich vom äußeren Geschehen nicht bewegen lässt, findet den richtigen Weg zu sich selbst.«

Tao

要能以不變應萬變

Alles
Was sich ereignet
Ereignet sich nicht
Wenn
Man
In sich ruht

小隐在山
大隐在市

Die
Große
Stille
Findest
Du
Mitten
Im
Lärm

寂在寂中
寂在其中

In
Der
Stille
Ist
Das
All
Ein
Punkt

Der Frühling besuchte die Insel, und die Blumen beeilten sich, ihn willkommen zu heißen. Ich lauschte dem Regen, der sich in den See, in dem die Tempelinsel lag, versenkte: Er hatte seinen Ursprung wieder gefunden. Ich begann, mich der Meditation hinzugeben. Irgendwann trat der Meister zu mir und fragte: »Welche Art von Gedanken hast Du?«

»Keine schlechten, Meister«, gab ich zur Antwort.

»Keine schlechten ist nicht schlecht«, meinte er und überließ mich mir selbst. Und wieder begab ich mich in die innere Versenkung.

So vergingen die Tage. Da trat der Meister erneut zu mir und fragte: »Welche Art von Gedanken hast Du?«

»Viele gute, Meister«, antwortete ich.

»Viele gute sind gut«, befand er und überließ mich abermals mir selbst. Ich spürte, dass mein Weg noch nicht erfüllt war, und versenkte mich weiter in mich selbst.

Die Zeit verging, und wieder trat der Meister zu mir und fragte: »Welche Art von Gedanken hast Du?«

»Keine, Meister«, war meine Antwort.

Da sprach der Meister: »Wenn der Geist frei von Gedanken ist, ist er rein. Er kennt kein Ziel mehr, er ist beständig. Er bewegt nichts und lässt sich nicht bewegen. Nicht einmal ein Staubkorn vermag ihn zu berühren. Jetzt bist Du bereit zu gehen.«

In jener Nacht, als ich vom Meister Abschied nahm, war der Himmel wie frisch gewaschen. Da fragte mich der Meister: »Wohin wirst Du gehen?«

»Es gibt keinen Ort, an den man nicht gehen kann«, entgegnete ich.

»Bist Du Dir sicher?« Er lächelte. »Das wahre Selbst hat es aufgezeigt.«

Er zog ein Boot unter einem Weidenbaum hervor und ließ mich darin Platz nehmen. Dann ruderte er mich zur Mitte des Sees. Als wir zu der Stelle kamen, die das Mondlicht widerspiegelte, bat ich ihn anzuhalten. Ich neigte mich über den Rand des Bootes, nahm mit beiden Händen Wasser auf und hob es an meine Stirn, um dem Meister zu danken. In diesem Augenblick lag der ganze Mond in meinen Händen. Ich legte ihn wieder in den See zurück und ergriff die Ruder.

»Warum lässt Du dies nicht mich machen?« wollte der Meister wissen.

»Wenn sich jemand noch nicht gefunden hat, zeigt ihm der Meister den Weg. Wer aber seinen Weg erkannt hat, muss ihn alleine gehen«, war meine Antwort.

Mit leichtem Ruderschlag glitt ich dahin. Nach und nach entschwanden die Insel, der Tempel und der Meister meinem Blick.

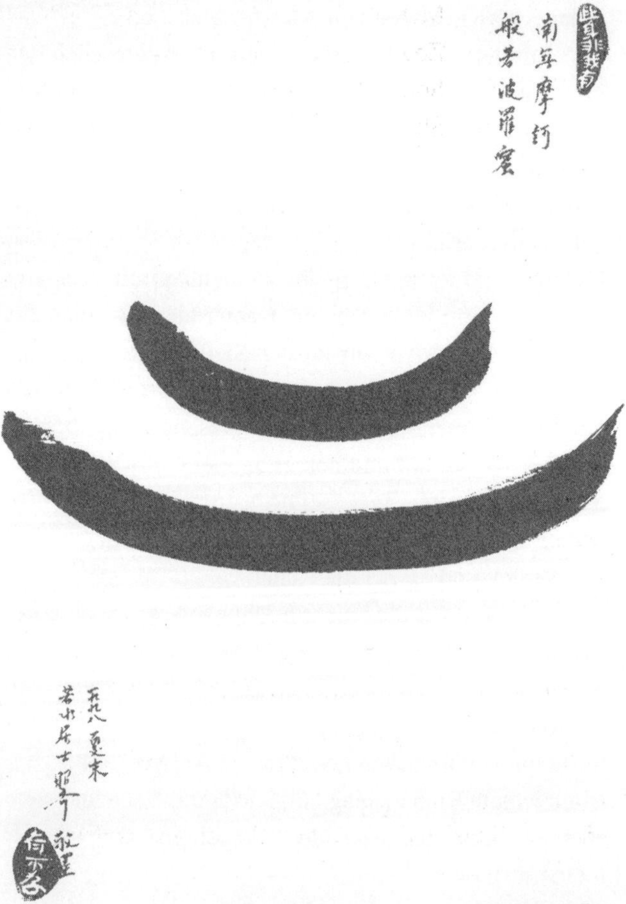

Tempel der
anderen Seite